侘寂温泉

西日本編

魚谷祐介

辰巳出版

はじめに

高校1年生、15歳の夏休み。私は、その後の人生を大きく変えてしまうことになる冒険に出た。テントや寝袋を自転車に積み、野宿しながら北海道を旅するというものだ。30年前の北海道は、コンビニもまだほとんどなく、未舗装の道路が多く残り、大地はもっと神秘的だった。走り疲れて入った、阿寒湖の『まりも湯』という昔ながらの温泉銭湯の、熱い湯を今でも覚えている。和琴半島でキャンプしながら入った夜の天然露天風呂では蛍が舞い、原始的な自然の美を知った。

それから30年、日本全国を何周したかわからない。24歳のときには、バックパックを背負い、東京から沖縄まで徒歩とヒッチハイクで縦断した。四国の今はなき蘇鶴温泉や昔の岩戸温泉など、渋い温泉の魅力にはまり、別府温泉に滞在しながら、地元専用共同湯の奥深さを味わい、鄙びた温泉の魅力に取り憑かれていった。そこには、日本独特の奥深い世界があった。

今回、あらためて日本の温泉の魅力を深く追求したいと決心し、1年以上をかけて、車泊の旅をしながら日本全国を巡った。新緑の中国地方では、昔ながらの日本の原風景を探して岡山県や島根県の山間部を徹底的に巡り、その後、真夏の九州の西海岸を南下。温泉天国の鹿児島県では、暑さにあえぎつつも個性的な温泉を堪能した。そして、大分県を経て再び中国、さらに四国を巡り、東日本、沖縄へ。翌年の初夏には紀伊半島などを巡った。

日本列島は驚くほどに地方の過疎化とリニューアル化が進み、風情やおおらかさといった日本的な文化は廃れ、均質的で味気ない国になってしまっていた。だが、各地に湧き続ける古くからの温泉には、人間が回帰すべき地球との繋がりや風情や味わいが、まだぎりぎり残っていた。

失って初めて気づく、まさにその言葉通りだ。自分の成長期に当たり前にあった世間の雰囲気や、それが反映された日常のデザインは、いつの間にかほとんど消え失せ、そして二度と戻ることもない。だから、常に今が最後という想いで味わっている。しかし、何年かぶりに訪れた温泉が昔のままの姿で存続してくれていたときなどは、自分の魂の一部に再会するかのような深い懐かしさと愛情を感じる。そんな素晴らしい温泉が、まだ各地に点在しているだけでもありがたい。何十年と使い込まれた浴室やタイルには、作られた当初の目的を大きく超えた、別次元の美や味わいがある。そしてそれらは、〝侘寂〟の次元にまで深まっていくのだ。

本書では、今回の旅の中から厳選した〝侘寂温泉〟１００箇所を紹介している。「東日本編」「西日本編」に分け、実際の旅でも感覚的に使えるように、北、東から西、南の方向に順番に並べ、各50箇所を掲載した。能登半島付近には、穴場の渋い温泉もあり、海にも山にも昔の雰囲気が残っていて旅情がある。中国・四国には、山間部に味のある温泉地が点在する。西日本では、やはり九州の源泉数が圧倒的で、町中から山奥まで様々な温泉を味わえる。古い施設も比較的残っており、今なお力強く住民たちを温めている。

今回の取材では、嬉しい再会もあれば悲しい別れもあった。取材後に閉業してしまった施設もあるが、美しい姿を伝える最後の記録として掲載した。まだあるうちに会いに行ったほうがいい。そして、心に刻んで欲しい。

魚谷祐介

目次

侘寂温泉
所在地マップ
西日本編

富山県砺波市 湯谷温泉

湯谷温泉旅館

富山県の内陸部へ入り、三桁国道471号に曲がると、山間部の穏やかな空気に包まれた幽玄な雰囲気の湯谷温泉〝私設バス停〟に着く。さらに苔むした石畳の坂を下っていくと、庄川沿いに大正時代から続く、『湯谷温泉旅館』の渋い佇まいが見えてくる。

長年、湯治場として親しまれてきた浴室は、苔に覆われた高い天井と、洞窟に閉じ込められたような薄暗さで、お湯に磨かれた石の浴槽と調和し、究極の鄙びた味わいを感じる。金精様のような湯口からはぬるつるの源泉が勢いよくほとばしり、浴槽との区別の意味がないほど浴室全面にお湯が溢れている。少々陰気とも言える空間だが、透明な湯は超ポジティブで力強い。全てがパーフェクトな、全国でも唯一無二の〝侘寂温泉〟だ。

石の浴槽のある薄暗い浴室
まるで洞窟の奥底にいるかのよう

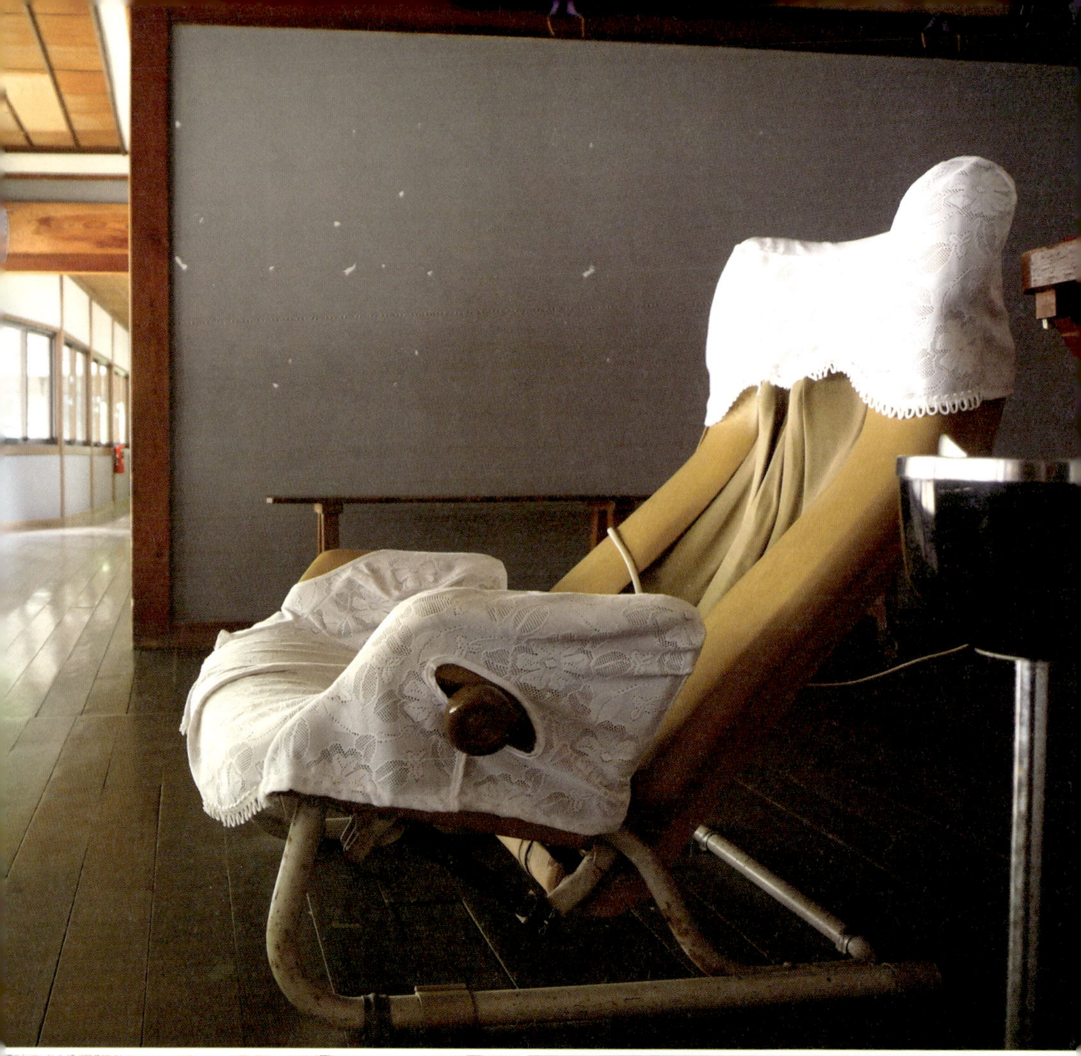

昼間でもやや薄暗い館内は、静謐な空気が流れ、長い廊下や自炊場は当時のままの空気を宿している。ダムの底へ続くような石の階段をどんどん降りていくと、剥げた塗装も渋い男女別の脱衣所がある。さらに数段下りると、洞窟の奥底のような独特の雰囲気の浴室がある。近年は、湯治場としての営業は行っておらず、日帰り入浴のみとしている。

湯谷温泉 湯谷温泉旅館

富山県砺波市庄川町湯谷 235
営業時間：9 時～ 17 時
入浴料：500 円

富山県氷見市

堀田の湯

江戸時代からひっそりと湧く 山あいの貴重な湯

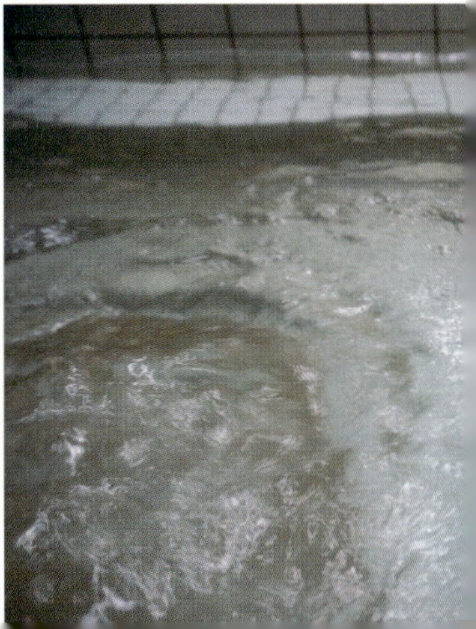

氷見市の山あいに、江戸時代からひっそりと湧き続ける貴重な湯が自慢の『堀田の湯』。鄙びた外観だが、浴室は意外と新しい。皮膚病などに特効があるという湯は、湧出量が少ないため、何度も循環し、熱い温度を保ちながら大事に使われている。湯面に浮いた垢を掬う網も置かれている。休憩室でも飲める源泉は、薄い塩味の神秘的な風味だった。

堀田の湯

富山県氷見市堀田 1364
営業時間：16 時～ 21 時
定休日：月曜日　入浴料：420 円

人里離れた裏山の温泉で黄土色の濁り湯に浸かる

富山県氷見市

神代温泉

県道361号の細く険しい山道を進むと、人里離れた裏山に溶け込むように『神代温泉』が佇む。ギシつく建物は、完璧な昭和の味わいだ。昔は男女の境も曖昧だった浴室は、タイルの色合いも渋い雰囲気。浴槽には、傷に特効のある濁り湯がかけ流されている。湯口を離れるときは透明だが、鉄分を含むため、時間が経つとやや緑がかった黄土色になる。

神代温泉

富山県氷見市神代 3021
営業時間：10 時～ 21 時
定休日：不定休　入浴料：500 円

富山県氷見市

床鍋鉱泉

能登半島の付け根、富山と石川の県境の山奥にひっそりと佇む『床鍋鉱泉』。その名称からして旅情を誘うが、昭和の空気が息づく館内は初めてなのに懐かしい。浴室入口では、愛らしいレトロなタオル自販機がお出迎え。ガラスブロックに滲むブルーと、トロっとぬるつるな鉱泉の透明感 ——、爽やかな色彩感とレトロ感が調和した素晴らしい浴室だ。

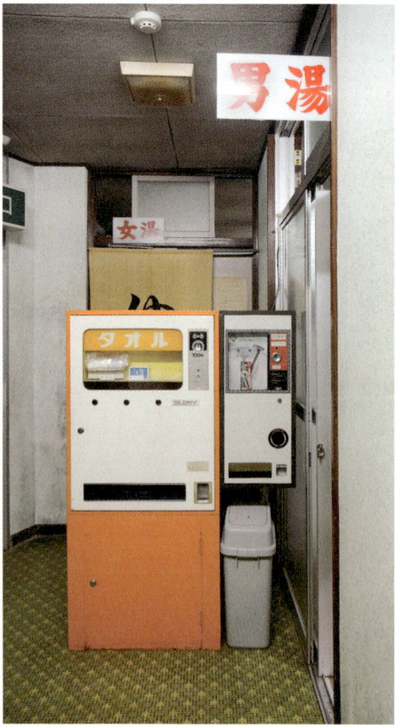

爽やかな色彩感とレトロ感 ——
初めてなのに、なんだか懐かしい

床鍋鉱泉

富山県氷見市床鍋 56
営業時間：13 時半～ 21 時（平日）、10 時～ 21 時（土日）
定休日：毎月最終月曜日　入浴料：500 円

コラム

温泉マークと看板

スマホもネットもなかった昭和の頃、地方を旅するときなどは、看板が実際に情報としても重要だった。旅先で出会う、当時のままの手描きの看板には、温かみと旅情がある。現代の看板は、見栄えはいいが機械的で、街の風景にも味わいが失われた。

1. 小森温泉（p38）／2. 木曽岬温泉 ゴールデンランド木曽岬温泉（p22）／3. 川内高城温泉 梅屋旅館（p94）／4.6. 湯川温泉 龍王閣（p17）／5. 菱刈温泉 亀の湯（p88）／7. 美又温泉（p54）／8. 吉田温泉 鹿の湯（p80）／9. 床鍋鉱泉（p14）／10. 珠洲鵜飼温泉 湯元 宝湯（p18）／11. 指宿温泉 村之湯温泉（p116）／12. 横川温泉（p98）／13. 湯川内温泉 かじか荘（p90）

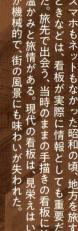

石川県七尾市 湯川温泉

龍王閣

能登半島のなだらかな山あいを走っていると現れる、素朴な手描きの案内看板。その先にある『龍王閣』は、期待どおりの渋い佇まい。能登瓦の屋根が全体の印象を引き締める。こぢんまりとした浴槽には、薬効が凝縮されたような独特の強い湯がみなぎり、湯口のライオンも温泉成分に染まっている。館内も昭和のままの雰囲気で、能登の静かな穴場だ。

湯川温泉 龍王閣

石川県七尾市湯川町 47-35-1
営業時間：8 時半～ 21 時
定休日：火曜日　入浴料：500 円
宿泊料：朝食付 7650 円～、2 食付 8950 円～

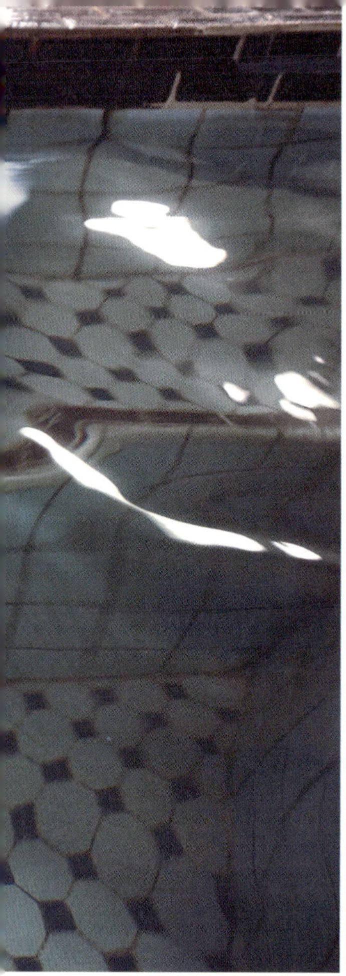

石川県珠洲市 珠洲鵜飼温泉

湯元 宝湯

とろみ感のある透明な湯に浸かり
モザイクタイル絵の能登湾を眺める

能登半島の奥の奥、海沿いの小さな町にある温泉銭湯『湯元 宝湯』。浴室全面を覆う懐かしい色合いのタイルが郷愁を誘う。縁のタイルも剥がれかかった、変則的な形の湯船もいい。能登湾の夕暮れが描かれたモザイクタイル絵は、現代では出せない深い味わいがある。とろみ感のあるやわらかく透明な湯は滋味深く、風情ある浴室と完璧に調和していた。

珠洲鵜飼温泉 湯元 宝湯

石川県珠洲市宝立町鵜飼 2-16-1
営業時間：15 時～ 22 時
定休日：日曜日　入浴料：440 円

白濁の湯に
タイルの湯船——
“文化遺産レベル”の浴室で
鄙びた情緒を味わう

福井県大野市

鳩ヶ湯温泉

福井県内陸部の深い山の奥、冬は完全に閉鎖されてしまう豪雪地帯にある『鳩ヶ湯温泉』。江戸末期開湯の秘湯である。何度も閉鎖の危機を乗り越えてきた歴史ある本館だったが、近年、雪の重みに耐えきれず倒壊してしまい、リニューアルされた。奇跡的にも浴室だけは無事で、白濁の滑らかな湯が、その褪せた色合いも渋いタイルの湯船にかけ流されている。

鳩ヶ湯温泉

福井県大野市上打波 6-2
営業時間：11 時～ 17 時（平日）、
10 時～ 17 時（土日祝）
定休日：水・木曜日、
冬期休業 11 月中旬～ 4 月末頃
入浴料：600 円
宿泊料：素泊 8000 円～、2 食付 1 万4000 円～

三重県桑名郡 木曽岬温泉

ゴールデンランド木曽岬温泉

日本を代表する〝侘寂温泉〟の聖地と認定したい『ゴールデンランド木曽岬温泉』。これほどまで奇跡的な存在は、ほかに見つからない。時代の流れに無関係な別次元に迷い込めるヘルスセンターだ。木曽川の河口近くの田園地帯、ほのぼのとした体育館のような建物と大きな味のある看板。昭和40年代のまま時間が止まったような館内は、意図的でないがゆえの、本物だけが持つ凄みがあり圧倒される。大広間の奥、広い脱衣所には市民プールのような古びたロッカー。開放的な、まさに体育館のような巨大な浴室中央には、重要文化財に指定すべき味わいの、手造りの名古屋城がそびえる。そして大きな浴槽には、熱めの新鮮な源泉が豊富にかけ流されている。この幻想的な空間は唯一無二だ。

入るのには多少勇気を要しそうな、熱々の砂利風呂と砂利サウナ周辺の風情も凄い。昭和 40 年代に建てられ、40 年以上経過し、老朽化した浴室は廃墟感すら漂う。だが、豊富な源泉が大量にかけ流されているため、足下は常に新鮮な湯で溢れ、生命力を感じる。朽ちゆく〝侘寂〟の味わいと、天然の力強い湯の恵み。陰と陽を超越した人生の縮図のようだ。

いざ、時代の流れに無関係な別次元へ ——
日本を代表する“侘寂温泉”の聖地

木曽岬温泉 ゴールデンランド木曽岬温泉

三重県桑名郡木曽岬町大字源緑輪中 774
営業時間：10 時～ 20 時（最終入場 19 時）
定休日：水曜日　入浴料：600 円

京都府京都市

不動温泉

ひと風呂浴びて、休憩室で飲泉すれば身も心も浄化されるよう

比叡山のふもと、渓流沿いの山に溶け込むような佇まいの『不動温泉』。源泉は、山の岩肌から湧くラジウム泉。飲用・浴用すると卓効があり、〝おたすけ水〟と呼ばれていた。浴室いっぱいに気化したラドンが充満し、やわらかな曲線が美しいタイル浴槽に源泉がかけ流される。浴後、昭和の雰囲気が濃厚な休憩室で新鮮な源泉を味わえば、身も心も浄化される。

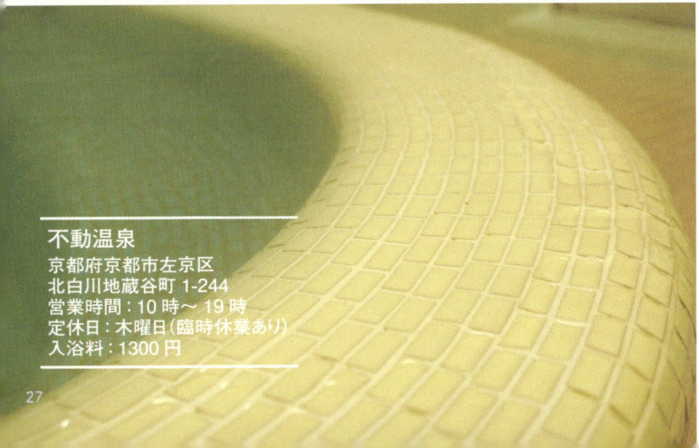

不動温泉

京都府京都市左京区
北白川地蔵谷町 1-244
営業時間：10 時～ 19 時
定休日：木曜日（臨時休業あり）
入浴料：1300 円

和歌山県東牟婁郡 **勝浦温泉**

天然温泉公衆浴場 はまゆ

何気ない日常の積み重ねが醸し出す 優しい雰囲気が素敵だ

紀伊半島、南紀勝浦の懐かしい雰囲気の漁師町。『はまゆ』は、漁港の目の前にある還暦を迎えた公衆浴場だ。遠く北海道から船で立ち寄ったという人に湯船で会った。板張りの風情ある番台や脱衣所のロッカーも古びた味がある。硫黄の匂いが立ちこめる浴室には、深い褐色と水色のタイルの組み合わせが美しい浴槽がひとつ。46度と少し熱めの源泉がかけ流されている。

勝浦温泉 天然温泉公衆浴場 はまゆ

和歌山県東牟婁郡那智勝浦町勝浦 970
営業時間：13 時～ 22 時
定休日：毎月 7 日・22 日
入浴料：320 円

和歌山県東牟婁郡

美女湯温泉

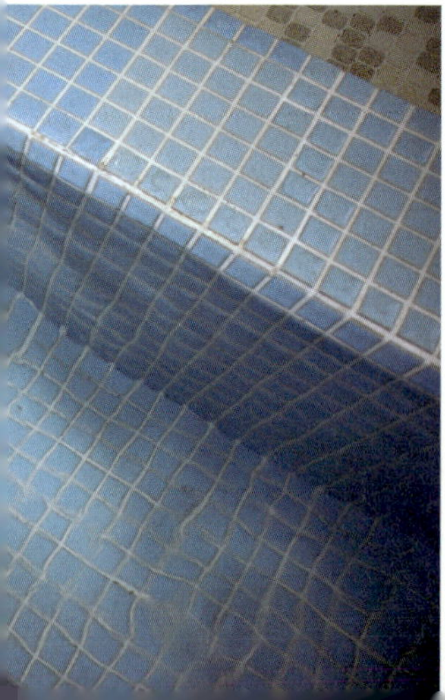

昭和感のある小さめの浴室に漂う
かすかな硫黄の匂いも心地よい

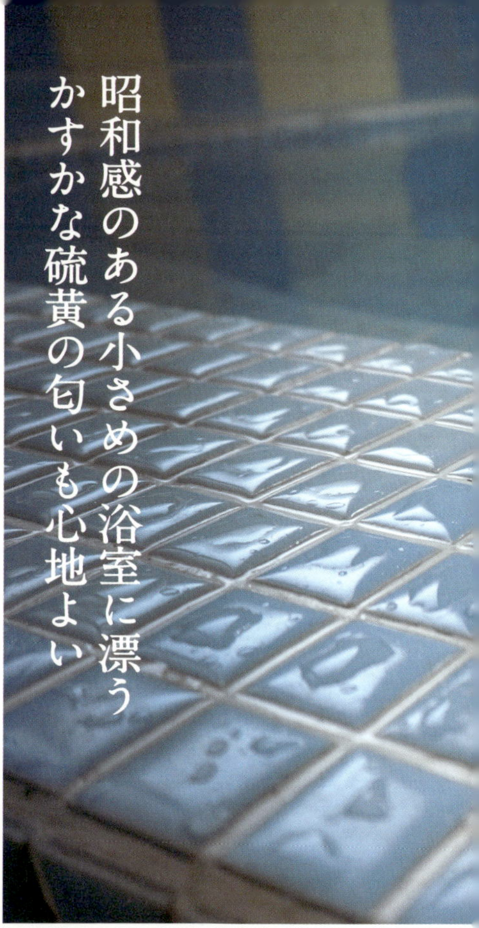

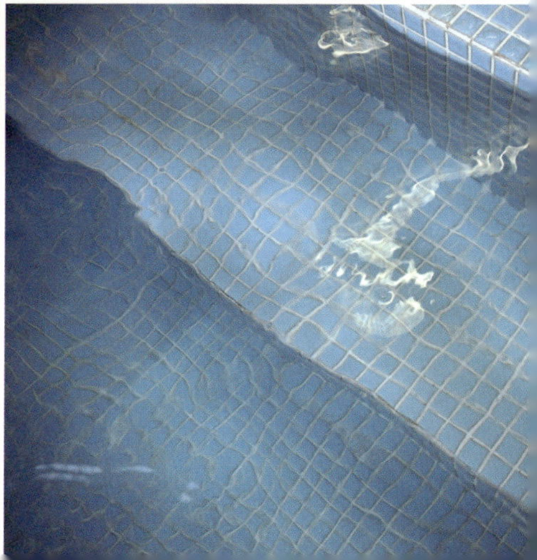

紀伊半島南端の地域は、なだらかな山間地を細い県道が縫うように走る。古座川沿いに県道 224 号を山に吸い込まれるように走ると、簡素な公衆浴場が川岸に見えてくる。『美女湯温泉』と期待させる名称だが、付近には山と川しかない。小さめの浴室に、ブルーのタイルが鮮やかな浴槽。かすかに硫黄臭のある、ぬるつる感抜群の湯も素晴らしい。

美女湯温泉

和歌山県東牟婁郡古座川町長追 257
営業時間：15 時～ 21 時（6 月～ 9 月）、
14 時～ 20 時（10 月～ 5 月）
定休日：月・水・金曜日　入浴料：300 円

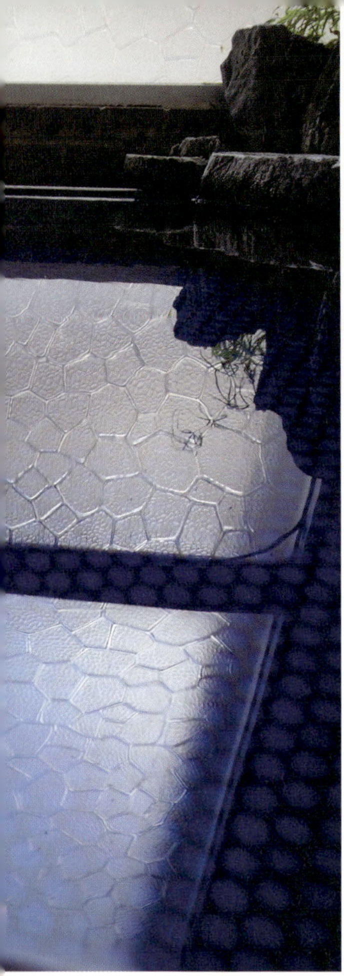

鳥取県鳥取市 吉岡温泉

町営公衆浴場 吉岡温泉館

吉岡温泉は、日本一大きな池「湖山池」のほとりにある、開湯千年という歴史ある温泉地。上湯、下湯という２ヶ所の共同湯があり、上湯にあたるのが『吉岡温泉館』。深いブルーのタイルの浴槽に、熱めで力強い透明な湯がふんだんに溢れていた。昭和 50 年代の公共施設のような味が出てきた温泉館だったが、2018 年４月に『新吉岡温泉会館 一ノ湯』が開館し、２ヶ所の共同湯は閉鎖された。

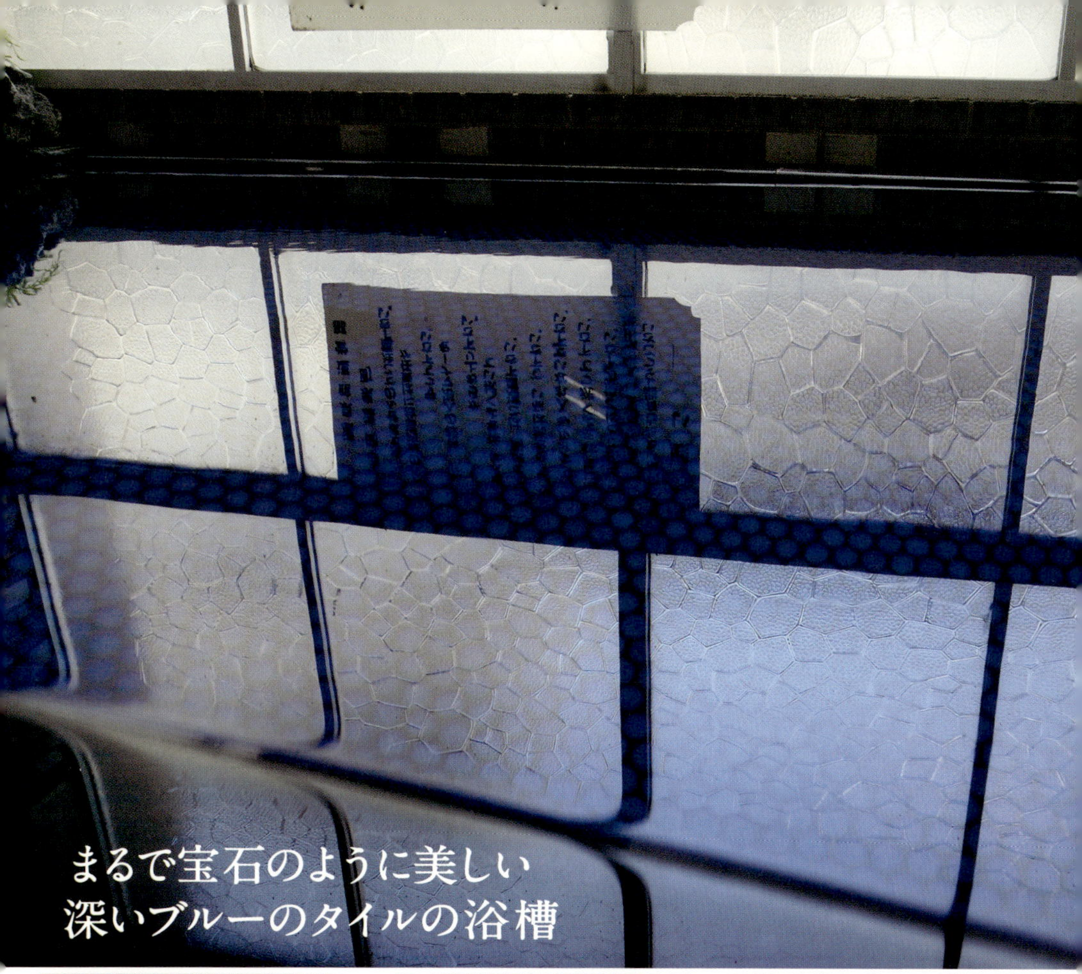

まるで宝石のように美しい
深いブルーのタイルの浴槽

吉岡温泉 町営公衆浴場 吉岡温泉館
鳥取県鳥取市吉岡温泉町 749-1
営業時間：8 時～ 22 時　定休日：無休　入浴料：200 円
※現在は閉業

鳥取県東伯郡 東郷温泉

寿湯

木造民家に
温泉マークののれん――
無骨な湯船に
ワイルドな熱い湯が溢れる

山陰本線・松崎駅前の閑散とした商店街を歩くと、細い路地から奥に続く狭小な通路に「寿湯入口」という手書きの看板。ここ『寿湯』は、木造民家に温泉マークののれんがかかり、かろうじて公衆浴場だとわかる佇まい。番台、脱衣所、そして浴室と年季の入りようが凄まじい。ワイルドな熱い湯が溢れる無骨な湯船も、年月を重ねた味わいが強烈に伝わってくる。

東郷温泉 寿湯

鳥取県東伯郡湯梨浜町大字旭
営業時間：8 時～ 20 時
定休日：第 1・第 3 月曜日
入浴料：200 円（洗髪料別途 50 円）

岡山県真庭郡 郷緑温泉

郷緑館

郷緑温泉 郷緑館

岡山県真庭郡湯原町本庄 712
営業時間：10 時～ 16 時　定休日：不定休
入浴料：500 円　宿泊料：1 万 500 円～（2 食付）

郷緑温泉は、岡山県の自然豊かな山間部に広がる湯原温泉郷のひとつで、その竹林に囲まれた静かな場所に温泉宿『郷緑館』はある。古風な雰囲気を守る館内には、貸切り制の内湯があり、足下の巨岩の割れ目から直接湧き出す新鮮な源泉に浸かることができる。肌触りのやわらかいぬるめの湯はどこまでも透明で、湯船の底の青緑色が神秘的だ。

岡山県真庭市 真賀温泉

真賀温泉館

真賀温泉 真賀温泉館
岡山県真庭市仲間
営業時間：7 時～ 22 時　定休日：無休
入浴料：150 円、幕湯 250 円、貸切（60 分）1000 円

郷緑温泉から旭川沿いに国道 313 号を下ると、山肌の階段を少し上がったところに、風情のある木造の共同浴場『真賀温泉館』が見えてくる。ここは付近の温泉宿の湯元でもあり、足下湧出の岩風呂がある湯治場としても長い歴史を持つ。浴槽の底は天然の岩盤そのままで、湧き出す源泉に直接差し込んだ竹筒から流れる温泉は、とろみ感のあるぬるつるの極上の湯だ。

岡山県加賀郡

小森温泉

岡山県の吉備高原は、緑深い山々が優しく、自然豊かな昔の日本が残る穴場だ。旭川の流域を中心に細かな県道が網の目のように走り、里山の風景や湖をのんびり巡る旅もいい。『小森温泉』は、三桁国道４２９号沿いに、木々に隠れるようにひっそりと佇む。歴史は長く、岡山藩の湯治場として２５０年以上も昔から利用されてきたという。昭和29年に建てられた現在の建物は、60年以上という熟成具合が唯一無二の味のある雰囲気を醸している。川に面した浴室の、洞窟のような薄暗さと蛍光灯の白い光りが、心の奥底に抱いていた昭和の既視感をあぶり出す。微妙な位置に並ぶ、川を望む小窓たちも絶妙な存在感がある。ごろごろした岩の浴槽には、とろとろのお湯がかけ流され、最高の浴感だ。

洞窟のような薄暗さと蛍光灯の白い光りが
昭和の既視感をあぶり出す

館内には昭和の宿の定番、緑のカーペットに、10円玉を入れると現在も稼働する骨董品のマッサージ機。宿の玄関横にあるクレーンゲームの残骸が気になり、女将さんと一緒に中を調べると、古い時代のお菓子が入っていた。振るとカサカサ音がする箱を開けようとする女将さんに、「この宿の永遠の謎ということにしておきましょう」と私は止めた。

小森温泉

岡山県加賀郡吉備中央町小森 245
営業時間：11 時～ 17 時（平日）、
11 時～ 18 時（日祝）
定休日：月 3 ～ 5 回（不定期）
入浴料：600 円
宿泊料：素泊 6650 円～、朝食付 7600 円～、
夕食付 8075 円～、2 食付 9500 円～

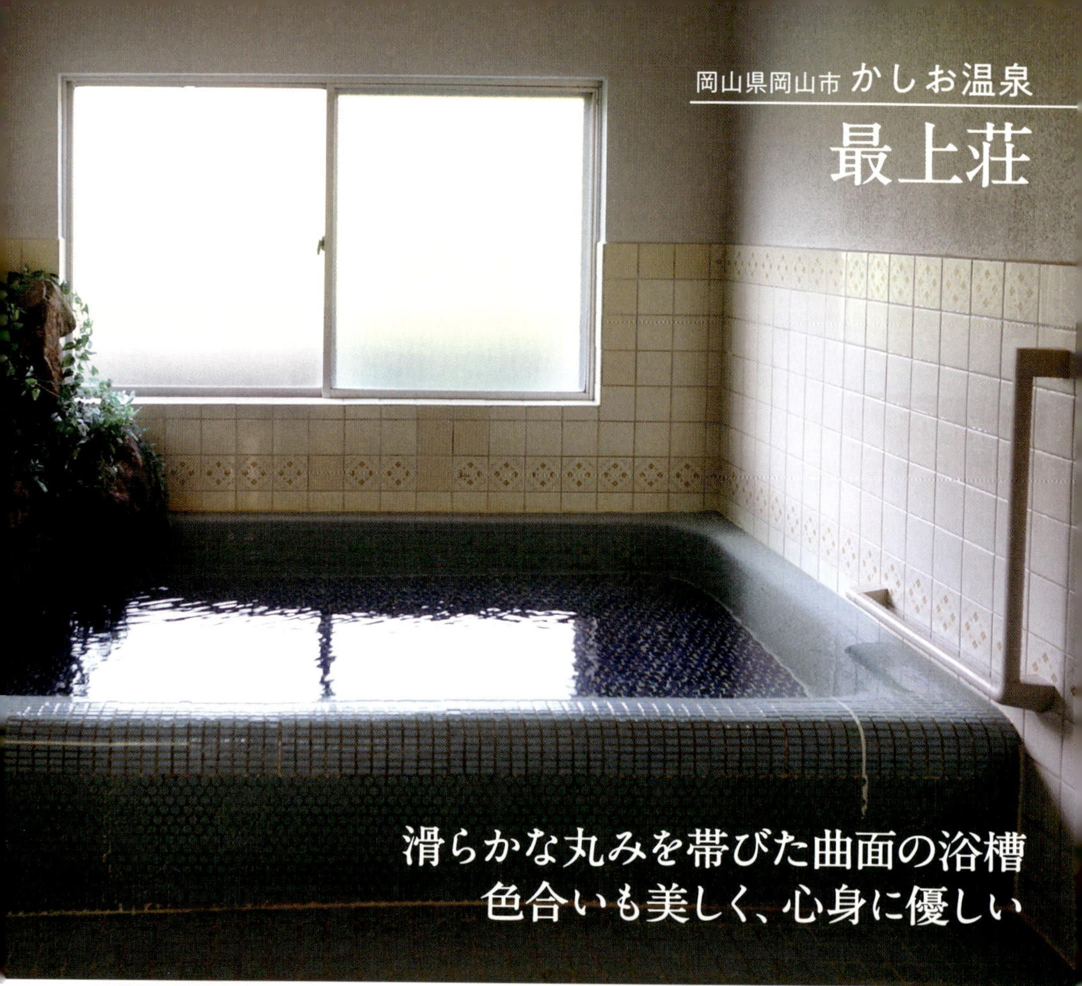

岡山県岡山市 かしお温泉

最上荘

滑らかな丸みを帯びた曲面の浴槽
色合いも美しく、心身に優しい

のどかな山里の風景が広がる田園地帯にある、かしお温泉『最上荘』。源泉は田んぼの中から湧いている無色透明の単純放射能冷鉱泉で、ほのかな硫黄の匂いも漂う。滑らかな丸みを帯びた曲面に仕上げられたタイル張りの浴槽は、色合いも美しく心身に優しい。民宿のような雰囲気であるが、現在は日帰り入浴のみとなっている。

かしお温泉 最上荘

岡山県岡山市北区粟井柏尾 2224-2
営業時間：10 時～ 18 時半
定休日：木・金曜日
入浴料：700 円

広島県庄原市 篠原温泉

高尾の湯

間近に流れる川の音を聴きながら小さな浴室で自慢の湯を味わう

中国山地の民家も途切れた山奥に、湯治場の風情を残す『高尾の湯（こおのゆ）』はある。自慢の湯は全国でも有数の「ph11.2」という高アルカリ泉で触感はぬるぬるだ。温泉成分が固着したポリバスが鄙びた味を出している。渓流を見下ろす休憩室は、すがすがしい風が通り、女将さんとの温泉談義も楽しい。現在の建物は築 65 年ほどで、約 10 年前から日帰り入浴のみとなっている。

篠原温泉 高尾の湯（こおのゆ）

広島県庄原市西城町高尾 52
営業時間：9 時～ 17 時
定休日：火・金曜日、年末年始、お盆不定休
入浴料：1 回 500 円、半日 1000 円、1 日利用 1200 円

コラム

風情を彩る備品とマシン

昭和のデザインは、人間との距離感が近く、色合いも優しく思いやりを感じる。長い間ともに生活していると、たとえモノでも家族のように思えてくる。大事に使われてきたこのマッサージチェアは全て現役だ。今のうちに味わっておきたい。

1

6

5

3

2

4

10

9

8

7

1. 小森温泉（p38）／2. 堀田の湯（p10）／3. 珠洲鵜飼温泉 湯元宝湯（p18）／4.9. 東郷温泉 寿湯（p34）／5. 神代温泉（p12）／6. 湯谷温泉 湯谷温泉旅館（p6）／7. 湯川温泉 龍王閣（p17）／8. 中乃湯（p124）／10. 小浜温泉 脇浜共同浴場（p76）

島根県簸川郡 須佐温泉

潮の井荘

本殿は500年前のものという歴史ある須佐神社に近い、出雲市佐田老人福祉センター『潮の井荘』。わずか100円で入浴できるのがありがたい公共の施設だが、温泉は本格的で成分が多い。天然の岩盤の上に湯船が作られており、とてもいい雰囲気だ。浴室の窓からはのどかな山里の風景が見え、自販機には瓶入りの牛乳が冷えている。

須佐温泉 潮の井荘

島根県簸川郡佐田町宮内749-5
営業時間：10時～16時
定休日：月曜日　入浴料：100円

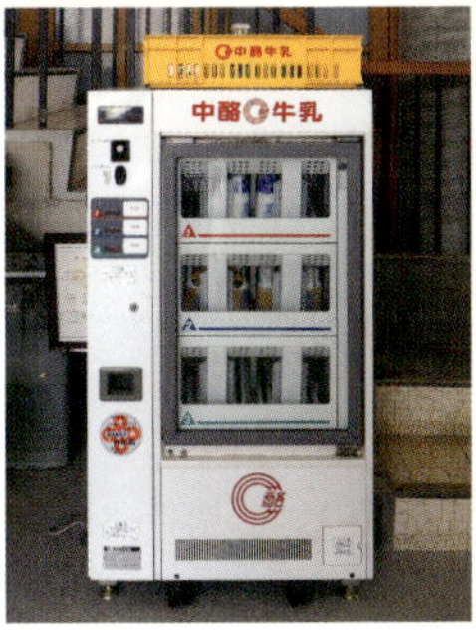

島根県大田市 三瓶温泉

亀の湯

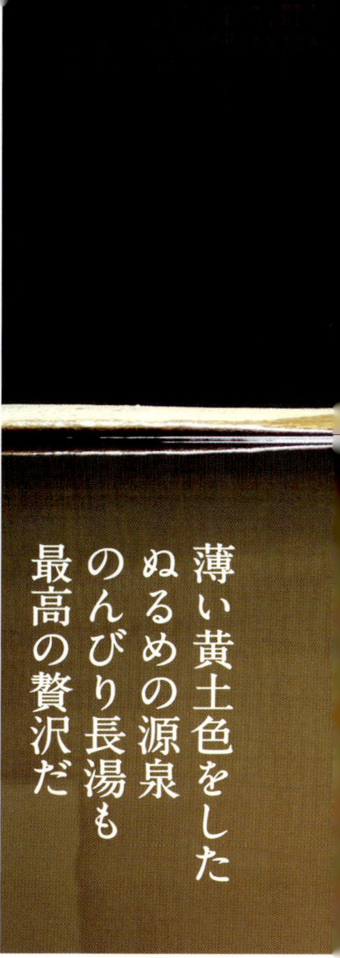

薄い黄土色をした
ぬるめの源泉
のんびり長湯も
最高の贅沢だ

島根県の内陸部、三瓶山から湧き出る三瓶温泉は、西日本有数の湧出量を誇る。『亀の湯』は、三瓶山の中腹にある昔ながらの共同浴場。鄙びた浴室に、成分の鉄でいい具合に色づいた浴槽。薄い黄土色で、35 度前後のぬるめの源泉が、中央の土管から滔々とかけ流されている。夕方 5 時からは加温された湯が注がれるが、ぬるい源泉に長湯するのも最高の贅沢だ。

三瓶温泉 亀の湯

島根県大田市三瓶町志学口 357-1
営業時間：9 時〜 21 時（17 時〜加熱）
定休日：無休　入浴料：300 円

島根県大田市 温泉津温泉

元湯

析出物が堆積した湯船に浸かり
1300 年の歴史を感じたい

島根県、日本海に面した小さな漁港の奥に温泉津（ゆのつ）温泉街が広がる。1300 年の歴史がある『元湯』は、クラシカルな雰囲気で、どこか昔懐かしい感じがする温泉通りに溶け込んでいる。温泉の析出物がコテコテに堆積した湯船には、自家源泉 100%の激熱で、濃く力強い湯が惜しみなくかけ流されている。山陰の旅では外せない重要な温泉だ。

温泉津温泉 元湯

島根県大田市温泉津町温泉津ロ 208-1
営業時間：6 時～ 20 時
定休日：無休（年 2 回臨時休業あり）
入浴料：370 円

島根県江津市 有福温泉

御前湯

大正ロマンを感じる共同浴場
無色透明のとろける湯が溢れる

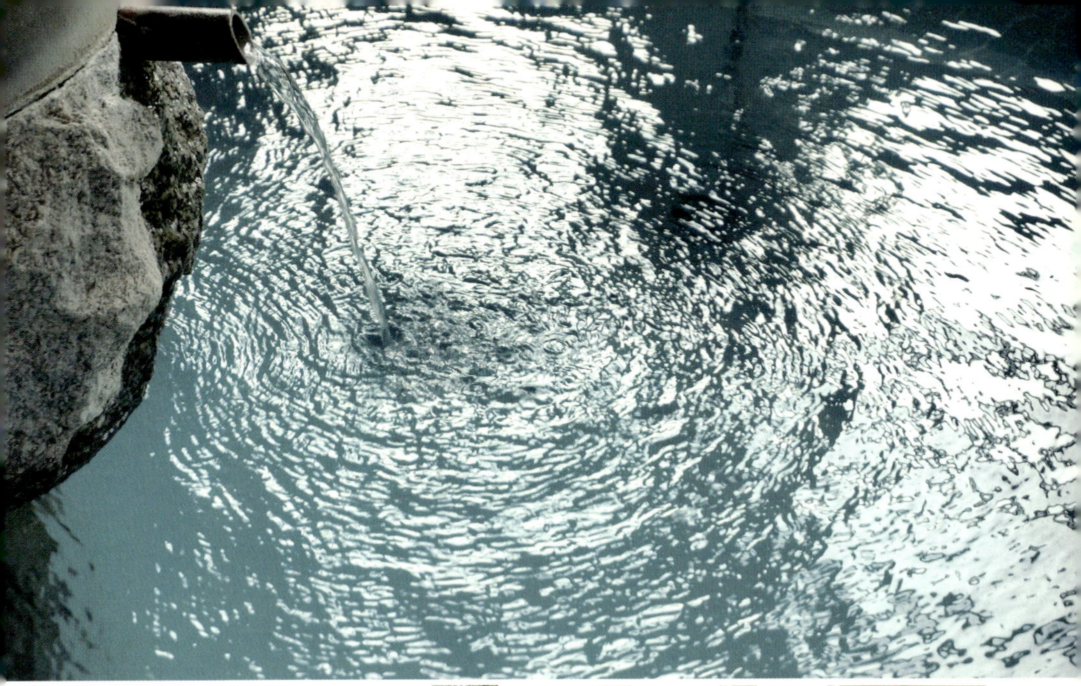

島根県内陸部の自然豊かな山間部に湧く有福温泉。今から 1350 年以上前に法道仙人によって発見されたという。『御前湯』は、レンガ造りやアーチ窓が特徴的な共同浴場。昭和 4 年築の浴舎は、大正ロマンを感じさせる。開放感ある高い天井の浴室には、中央にタイル張りの八角形の湯船があり、無色透明のとろけるようなアルカリ源泉がかけ流しにされている。こぢんまりとした家族風呂（右）も味わい深い。

有福温泉 御前湯

島根県江津市有福温泉町 710
営業時間：7 時〜 21 時半（最終受付 21 時）
定休日：無休（年 1 回休業あり）
入浴料：400 円、家族風呂 1200 円（60 分）

島根県浜田市 美又温泉

旅館みくにや

湯治宿の風情を残す 温泉街の老舗旅館 ぬるつるの湯で 旅の疲れを癒やす

林道のように細くカーブの多い県道50号を、島根の秘境感を味わいながら走り抜けると、山間の小さな温泉街、美又温泉に着いた。川沿いの細い路地に数軒の旅館が並び、鄙びた旅情のある温泉街の中程に『旅館みくにや』がある。明治時代からあるというこの老舗旅館の建物は、湯治宿の風情を感じさせる。本館の部屋は、昔ながらの和室で川に面している。初夏には、せせらぎの音に混じって美しいカジカの声が響き、幽玄な雰囲気を味わえる。浴室は壁の渋いグリーンと、床の淡いピンク、そして浴槽の宝石のようなブルーのタイルが完璧に調和し、理想的な空間となっている。とろみ感のある、ぬるつるの美肌の湯がかけ流され、窓を開ければ山里と川の眺めも美しい。

ききょう
定員3名

新館
食堂

川沿いに広がる小さな美又温泉街は、ほのぼのとした鄙び感のある、静かで落ち着いた雰囲気。木造の本館と、昭和感丸出しのモルタル造りの新館に架かる、渡り廊下の存在が強烈に激渋で、古びた看板とビニールの黄色い屋根も懐かしい。これに惚れて1泊を決めた。山陰の美観の一要素でもある赤い石州瓦に、ひらがな表記の「みくにや」も愛らしい。

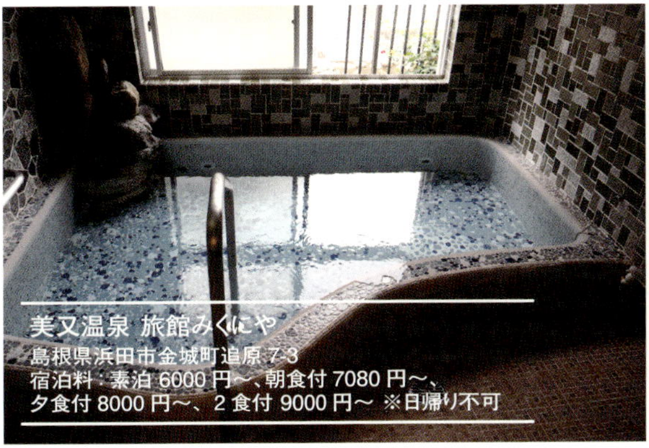

美又温泉 旅館みくにや
島根県浜田市金城町追原 7-3
宿泊料：素泊 6000 円～、朝食付 7080 円～、
夕食付 8000 円～、2 食付 9000 円～ ※日帰り不可

奥深い山の温泉で
風流な池を眺め
贅沢な静けさを味わう
そんな秘湯の宿だった

島根県益田市 大谷温泉

かじか荘

益田市街から十数分、細い林道の奥へ奥へと数キロ走ると、終点に『かじか荘』はひっそりと佇んでいた。豊かな水と温泉に恵まれた幽玄な雰囲気に似合う、昭和のままの温泉旅館で、温厚な人柄の女将さんのおっとりした方言にも、旅情を感じた。風流な池の眺めが涼しげな大浴場には、さらりとした透明な湯が溢れ、贅沢な静けさに島根の奥深い山の中にいることを実感する。源泉をそのまま味わえる小浴槽は、土色の滋味深い湯だ。

　周囲には人家も一切なく、みずみずしい自然と鄙びた風情を静かに味わえる秘境の宿だった。だが、2018年に惜しくも閉業したという。何度か宿泊した個人的にも思い出深い宿であり、最後の記録としてここに掲載したい。

大谷温泉
かじか荘

大谷温泉
じか荘
DyDo
大谷温泉
かじか荘

お取り下さい。
入湯料
大人 ------ 400円
小学生 ------ 200
幼児 ------ 150
1才未満 ------ 無料
貸し切り風呂 (お1人様) 600
温泉石けん

渓流のせせらぎとカジカの美声を聴きながら、自販機の冷えたビールを飲む ——、湯上がりはこれで完璧だ。和室の部屋がメインだが、洋室もあり、館内のどこを見ても今がちょうど旬の、昭和の熟成感が見事だ。島根の甘露な自然に溶け込む鄙びた佇まい、濡れた空気が織りなす、俗界から隔離された優美な時間は、かけがえのないものだった。

大谷温泉 かじか荘

島根県益田市大谷町 985-1
入浴料：400 円　宿泊料：素泊 4200 円～、2 食付 7350 円～
※ 2018 年 11 月現在閉業中

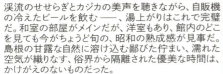

島根県鹿足郡 木部谷温泉

松乃湯

島根と山口の県境に近い山間部、清流日本一の高津川沿いにある一軒宿が『松乃湯』である。「弘法の湯」と呼ばれる間欠泉が源泉で、鉄分とカルシウムを特に多く含み、湯面を放っておくと一面白色になってくるほどの名泉だ。21度とお湯の温度が低いが、バルブをひねると熱い蒸気が噴出し、湯船に入る。入浴しながら自由に加温調整できるという、珍しい温泉だ。

木部谷温泉 松乃湯

島根県鹿足郡吉賀町柿木村木部谷 529
営業時間：7 時半～ 19 時　定休日：毎月 6・16・26 日
入浴料：1 回 450 円、半日 700 円、
宿泊料：素泊 4700 円、朝食付 5700 円、夕食付 7200 円、
2 食付 7900 円～

山口県山口市

柚木慈生温泉

津和野から県境を越え、国道 315 号を山間部に入っていくと、『柚木慈生(ゆのきじしょう)温泉』の看板が見えてくる。濃い成分の温泉が地元で人気の湯治宿だ。析出物でデコレーションされたコンパクトな浴室に、デッドスペースの多い湯船。リチウムなど希少な成分も含む湯は、サイダーのような発泡性があり、ぬるめできしむ感じもする独特のものだ。

柚木慈生温泉
山口県山口市徳地柚木 2178
営業時間：10 時～ 20 時　定休日：毎月 5・18 日
入浴料：500 円
宿泊料：2 食付 6000 円（宿泊は湯治の方のみ）

愛媛県西条市 石鎚山温泉

温泉旅館京屋

四国で巡り会った〝侘寂〟ある温泉旅館 白濁の湯溢れる浴槽から渓流を見下ろす

伊予西条から細い県道12号をどんどん登ると、終点近くにロープウェイ乗り場と、古びた観光施設のような旅館がある。ここが、『温泉旅館京屋』だ。食堂や土産物屋なども、昭和のままのような賑わいで懐かしい。渓流を見下ろす浴室は鄙びており、さらっとした肌触りが珍しい白濁の湯が、析出物でコーティングされた頑丈な浴槽に満たされている。

石鎚山温泉 温泉旅館京屋

愛媛県西条市西之川甲下谷106
営業時間：10時～16時頃まで
定休日：日帰り入浴は土日のみ営業
入浴料：500円
宿泊料：素泊5500円、2食付8800円

不動明王が見下ろす
地元の共同浴場
熱く透明な湯で
ひと風呂浴びる

大分県別府市 鉄輪温泉

谷の湯

日本一の温泉地・別府には、無数の共同浴場があり、温泉は生活の中に溶け込んでいる。別府の町中を流れる小さな川に降りたところに、古い趣のある佇まいの『谷の湯』がある。受付で料金を灰色の塩ビ管に投入し、階段下の浴室へ。脱衣所と浴室の仕切りはなく、石造りの浴槽に熱く透明な源泉が注ぐ。地元の気安さと鄙びた雰囲気を味わえる穴場だ。

鉄輪温泉 谷の湯

大分県別府市北中 1-8
営業時間：6 時半～ 21 時
定休日：無休　入浴料：150 円

大分県由布市 湯布院温泉

加勢の湯

板張りの浴室、石造りの浴槽 ――
ここには“本物の温泉”が残っている

「湯布院温泉」という観光地のイメージとは真逆の、鄙びた共同湯『加勢の湯』。130年以上前の明治14年に建築された、湯布院で最も古い公衆浴場だ。建てられた当時とほとんど変わらないという浴室は、板張りの渋い雰囲気。静止していた湯にそっと身体を沈めると、石造りの浴槽から透明でやわらかい湯が勢いよく溢れた。本物の温泉が残っていることに感謝したい。

湯布院温泉 加勢の湯

大分県由布市湯布院町川南
営業時間：7時～22時半
定休日：不定休　入浴料：100円

大分県竹田市 七里田温泉

下湯

赤茶けた床と浴槽、そして透明の湯
高濃度な炭酸の泡に包まれる

久住高原のなだらかな山あいに、“ラムネの湯”とも呼ばれる共同浴場『下湯』がある。温泉成分で赤茶けた浴槽には、37.5度とぬるめの源泉がかけ流されている。炭酸含有量「1,250mg」と、炭酸ガスの濃度が高いため、酸欠状態にならないように、換気に注意する必要があるほどだ。怒濤の泡付きの湯は、ぬるめなのに身体の末端までピリピリ熱くなる驚きの浴感だ。

七里田温泉 下湯

大分県竹田市久住町七里田
営業時間：9時～21時（最終受付20時半）
定休日：毎月第2火曜日
入浴料：500円（保証金別途1000円、入浴後返金）

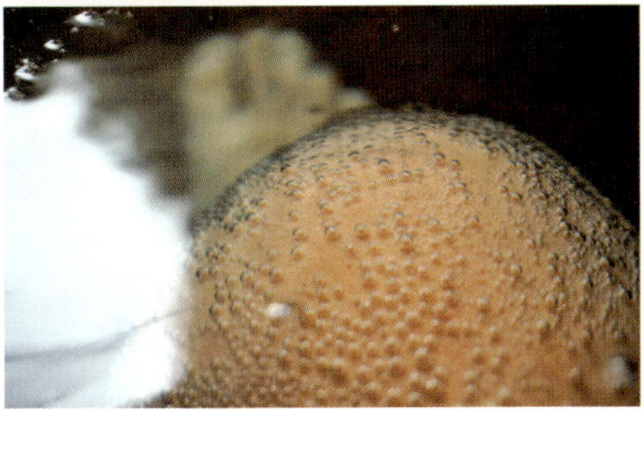

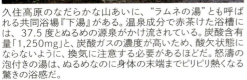

大分県竹田市 長湯温泉

ながの湯

長湯温泉 ながの湯

大分県竹田市直入町長湯 426-2
営業時間：8 時～ 19 時　定休日：無休
入浴料：200 円

久住連山を見渡す高原の田園地帯。炭酸泉で有名な長湯温泉街の外れにある木造の共同浴場『ながの湯』。生活に溶け込んだシンプルな浴槽には、抹茶色の濁り湯がかけ流されている。金気臭とキシみ感がある濃厚な湯はとてもパワフルだ。平成 11 年築と古くはない施設だが、浴室内にはすでに温泉成分が堆積し、だんだんといい味が出てきている。

温泉成分が創る芸術

長い年月をかけて成長した湯口のカルシウム、少しずつ磨かれて丸くなった浴槽の縁。それら全て、人間の手では創り出せない天然の造形だ。地球の体温である湯に浸かり、時間が創り出した芸術を味わい、地球が生きているパワーを感じたい。

1. 福寿温泉（p100）／ 2. 指宿温泉 弥次ヶ湯温泉（p112）／ 3. 温泉津温泉 元湯（p50）／ 4. 川内高城温泉 梅屋旅館（p94）／ 5. 石鎚山温泉 温泉旅館京屋（p64）／ 6. 須佐温泉 潮の井荘（p47）

長崎県平戸市 平戸温泉

平戸海上ホテル

昔ながらの趣を残す外観と
まるで水族館のような大浴場

最西の太陽の光が一段と強く感じられる長崎県の平戸島。『平戸海上ホテル』は、昭和的センスの残る大きな円形のホテルだ。その大浴場「龍宮」は、浴槽の周りを魚たちが泳ぐ、水族館のような温泉。30 年以上生きているという海亀もいて、魚と目が合いながら入る風呂は愉快だ。海峡を行き交う船をのんびり眺めながら入る露天風呂も旅情がある。

平戸温泉 平戸海上ホテル

長崎県平戸市大久保町 2231-3
営業時間：平日 15 時～ 22 時、
土日祝 13 時～ 22 時
入浴料：600 円（個室貸切あり）
宿泊料：素泊 7560 円～、
1 食付 8640 円～、2 食付 1 万 4040 円～

長崎県雲仙市 小浜温泉

脇浜共同浴場

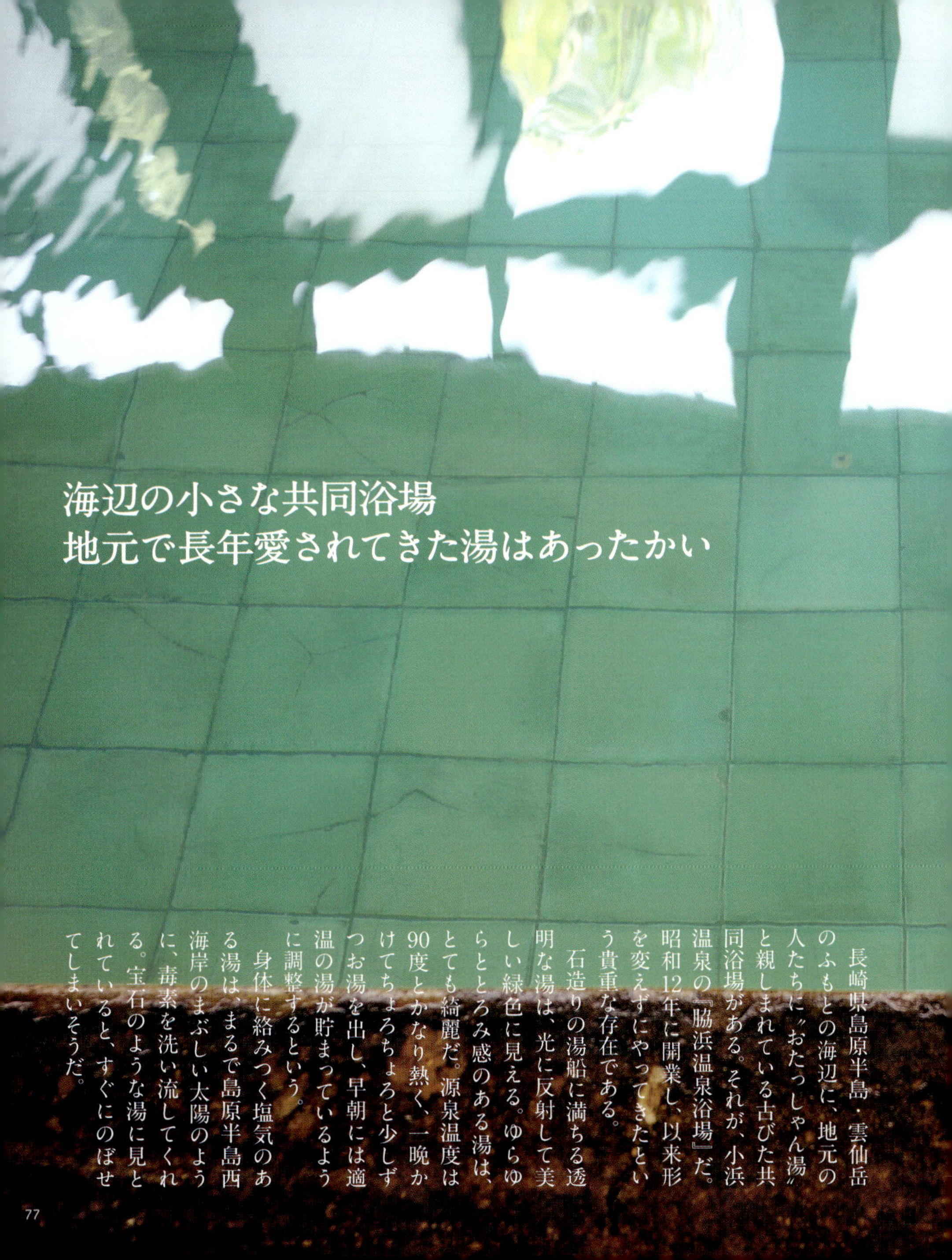

海辺の小さな共同浴場
地元で長年愛されてきた湯はあったかい

長崎県島原半島・雲仙岳のふもとの海辺に、地元の人たちに〝おたっしゃん湯〟と親しまれている古びた共同浴場がある。それが、小浜温泉の『脇浜温泉浴場』だ。昭和12年に開業し、以来形を変えずにやってきたという貴重な存在である。

石造りの湯船に満ちる透明な湯は、光に反射して美しい緑色に見える。ゆらゆらととろみ感のある湯は、とても綺麗だ。源泉温度は90度とかなり熱く、一晩かけてちょろちょろと少しずつお湯を出し、早朝には適温の湯が貯まっているように調整するという。

身体に絡みつく塩気のある湯は、まるで島原半島西海岸のまぶしい太陽のように、毒素を洗い流してくれる。宝石のような湯に見とれていると、すぐにのぼせてしまいそうだ。

浴場内には天然の鄙びた雰囲気が充満する。創業当時から使用されている木製のロッカーも渋い迫力がある。古びたものというのは、人に大事にされてきたものということ。そこに見えない思いが積もり、それが味わいになり、雰囲気になっていくのだろう。ちなみに、愛称の〝おたっしゃん〟とは、「たつ」さんという親戚の方の名前が由来だそうだ。

小浜温泉 脇浜共同浴場

長崎県雲仙市小浜町南本町 7
営業時間：5 時頃～ 21 時　定休日：無休
入浴料：150 円

宮崎県えびの市 吉田温泉

鹿の湯

深く沁みるぬくもりを感じる
旨い出汁のような色のしっとりした湯

雄大な霧島連山と、大きく開けた広い空が爽快な眺めのえびの高原。火山帯のこの地域は温泉の宝庫で、魅力的な共同浴場が数多く存在する。どの施設でも源泉かけ流しは当たり前で、泉質の種類も豊富という温泉天国だ。何泊かしながら、温泉を巡る旅もいい。

吉田温泉『鹿の湯』は、えびの市の中心に位置する、京町温泉駅前の鄙びた商店街から、矢岳高原へ上っていく県道４０８号沿いにある。昭和50年頃に建てられた浴舎は、近所の住民が毎日入浴する生活の湯でもある。建物の傷みも激しいが、鄙びたローカル感として味わい深い。旨い出汁のような色の源泉は、しっとり感があり、おがくずを燃やして加温された湯は、ガスや電気と違い、深く沁みるぬくもりがある。

お湯がよければそれでいい、という感じの脱衣所から浴室へ降りる階段も味がある。明治時代に建てられた本館は、建物全体が傾いて歪んでいる。2階の廊下は坂になって、ふすまも斜めで閉まらない。そんな愛嬌のある部屋が気に入って、6泊も居着いてしまった。だが一方で、建物の中を見て温泉に入らずに帰る、遠方からの観光客もいるという。

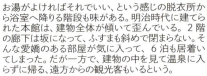

吉田温泉 鹿の湯

宮崎県えびの市大字昌明寺
営業時間：9 時～ 21 時　定休日：無休
入浴料：300 円

鹿児島県姶良郡 吉松温泉

鶴丸温泉

吉都線・鶴丸駅は、簡素な待合室とホームだけの単線の無人駅。周囲は田畑が広がるのどかな風景で、時間の流れもゆったりしている。ホームから階段を上がると、民家の庭といった印象の舗装されていない駅前。その目の前には、昭和の佇まいの『鶴丸温泉』が建つ。昭和41年の開業以来、ほとんど変わっていないという館内は、今がちょうど旬の真っ盛りという感じの昭和感いっぱいで嬉しくなる。優美な曲線の浴槽と、壁のタイルがどこか上品な雰囲気を醸す浴室も、年月に磨かれ鄙びた味わいが成長してきている。自由にかけ流せる湯は透明な茶色いモール泉で、植物由来の甘い香りも漂う。飲んでもおいしく胃腸にもいいという、とろっとしたぬるつるの源泉は最高の肌触りである。

優美な曲線の浴槽に
透明な茶色い湯——
時間の流れも
ゆったりしている

浴室の壁には、タイルで描かれたパステル調の幻想的な壁画。これが浴室内を優しい雰囲気に導いている。浴室から屈まないと通れない、秘密の扉のような木戸を開けると、外には源泉 100%の露天風呂もある。建物入口の可愛らしい温泉マークの描かれた看板にも、旅情を感じる。本物の昭和の空気を味わい、とても幸福な気分になれる素敵な温泉だ。

吉松温泉 鶴丸温泉

鹿児島県姶良郡湧水町鶴丸 622-5
営業時間：6 時～ 21 時
定休日：無休　入浴料：200 円
宿泊料：2 食付 7000 円～

鹿児島県伊佐市 菱刈温泉

亀の湯

なだらかな山々を背景に田園風景が広がる、鹿児島県伊佐市を流れる川内川のほとり。そこに、昭和 50 年代終わりに開業し、現在も当時と変わらない佇まいで営業を続ける公衆浴場『亀の湯』がある。余計な設備はない、質実剛健の硬派な温泉だが、泉質はぬるつるのやわらかい湯。浴室は飾り気のないモノトーンが、渋く落ち着いた雰囲気だ。

菱刈温泉 亀の湯

鹿児島県伊佐市菱刈川南 191

営業時間：6 時～ 21 時　定休日：無休　入浴料：200 円

鹿児島県出水市 白木川内温泉

山荘／旭屋旅館

鹿児島県出水市の山間を走る三桁国道 447 号から、県道 48 号に入り、小さな看板を頼りに道の終点へと行くと、左に『山荘』、右に『旭屋旅館』という山奥に佇む 2 軒の温泉宿がある。実は川を見下ろす洞窟のような浴室は、この 2 軒の共用で入浴料も同じ。とろみ感がある神秘的な湯は、底の岩から直接湧いているので鮮度が高い。

白木川内温泉 山荘 / 旭屋旅館

(山荘)鹿児島県出水市上大川内 5002
(旭屋旅館)鹿児島県出水市上大川内 5001
営業時間：6 時～ 21 時　定休日：無休　入浴料：150 円
宿泊料：(山荘)素泊 2800 円、朝食付 3500 円、2 食付 5500 円、日帰休憩 900 円
(旭屋旅館)素泊 2500 円、朝食付 3500 円、夕食付 4000 円、2 食付 5000 円

昔ながらの湯治場で
のんびりと長湯
ぬるめの湯に浸かり
魂の洗濯も

鹿児島県出水市 湯川内温泉

かじか荘

『かじか荘』は、出水市街から少し山あいに入った湯治場で、自炊しながら長期滞在できる。上の湯、下の湯と2つの浴室があり、24時間いつでも入れる。浴槽そのものが源泉となっており、新鮮な源泉が滔々と湧き出している。緑色に見える透明な湯は、温泉らしい硫黄の匂いを含み、底から気泡が浮かんでくる光景がほほえましい。39度前後のつるっとしたぬるめの湯は長湯向きで、じんわりと身体の芯まで効いてくる。

クリアな見た目の印象よりもパワフルな湯で、解毒効果が高く、3日間の滞在だったがとてもスッキリした。九州の数多い温泉の中でも、特によい泉質として印象に残っている。昔のままの落ち着いた風情を味わいながら、何泊かのんびりして魂の洗濯をしたい。

公衆電話
ドライヤー
もございます

出水焼酎
都の露
スコッチタイプ
トロット
35

築100年以上になるという『かじか荘』の裏手には川が流れ、初夏にはカジカガエルの上品で美しい声が聴こえる。付近に民家などもない爽やかな森の中にあり、静かで空気も澄んでいる。自炊棟にはキッチンも完備し、冷蔵庫やレンジ、食器も使えるので、食材だけ持って行けばよい。21世紀の現在でも1泊2千円台から泊まれる良心的な宿だ。

湯川内温泉 かじか荘

鹿児島県出水市武本2060
営業時間：7時～21時
定休日：第2・4木曜日（宿泊は無休）
入浴料：300円
宿泊料：素泊2500円～
（5泊以上 1日2200円～）

鹿児島県薩摩川内市 川内高城温泉

梅屋旅館

川内高城温泉は、鹿児島県薩摩川内市の西方海岸から、内陸側に数キロ入った静かな山あいにある小さな温泉場。古びた旅館や共同湯など、昔のままの風景が多く残り、鄙びた温泉情緒をどっぷりと味わうことができる。自炊しながら宿泊できる湯治旅館の『梅屋旅館』は、築１２０年以上という趣ある建物。通りに面した外観も古風な味わいがあり、大事に使われてきた館内は、年月の重みのある雰囲気が心地よい。

長い廊下の途中には、男女別の内湯がある。浴室は淡い色合いのタイルが優しく、窓を映す透明な湯は、やわらかな硫黄臭とアルカリ性のつるつる感のある、まろやかな浴感が素晴らしい。何日か温泉に閉じこもって、外界から遮断される湯治をおすすめしたい。

窓を映す透明な湯は
まろやかな浴感——
しばし外界から離れ
温泉情緒をどっぷり味わう

♨うめ
内湯
梅屋
旅館
電話二八一〇〇六
さつま
五代
♨温泉みやげ
共同湯・店
梅屋前

水
COLD

部屋は落ち着いた和室で、共用の台所にはガスレンジや冷蔵庫に食器など、生活用品は揃っている。近所の商店で食料品も手に入るので、手ぶらでも安心だ。このご時世に、1 泊 2600 円と良心的な料金がありがたい。かつては大いに賑わった温泉街だが、今は湯治客の姿はほとんどない。私が 3 泊した間に、ほかの宿泊客はいなかったほどである。

川内高城温泉 梅屋旅館

鹿児島県薩摩川内市湯田町 6467
営業時間：6 時～ 21 時　定休日：無休
入浴料：250 円、1 日休憩 1100 円
宿泊料：2600 円（素泊）

まるで“我が家の風呂”のよう
地元の常連さんたちがくつろぐ湯

鹿児島県霧島市

横川温泉

霧島温泉を抜け、JR肥薩線と並行して走る県道50号沿いののどかな田園地帯に温泉マークを発見し、すかさず車を停めた。直感は当たりだった。ゆうに30年は経っているであろう『横川温泉』。その昭和感満点の外観と看板にまずしびれた。そして、浴槽には透明だが成分の濃そうな湯がかけ流され、常連さんたちがくつろいでいた。

横川温泉

鹿児島県霧島市横川町中ノ下喜開田 3461
営業時間：7時～22時
定休日：第1・3月曜日　入浴料：150円

のどかな山村にぽつんと佇む共同湯
源泉と天然水に交互に浸かる

鹿児島県霧島市

福寿温泉

そこかしこに温泉が湧く霧島を貫く温泉街道、国道223号から数百メートル入ったのどかな山村にある共同湯が『福寿温泉』だ。築30年とほどよい年季の入った浴室には2つの浴槽。張り替えられたばかりの新しい木枠の浴槽にはかけ流しの抹茶色の源泉。小さな石の浴槽には霧島の天然水が満ちている。交互に浸かるのが最高で、全身の血管が生き返った。

福寿温泉

鹿児島県霧島市牧園町三体堂 2255-99
営業時間：9時～20時半
定休日：不定休　入浴料：100円

鹿児島県霧島市 妙見温泉
田島本館

妙見温泉は、天降川の河畔に数軒の旅館が並ぶ、山間の古びた雰囲気のある温泉地だ。『田島本館』の湯は、この地で最初に発見された温泉で、170年の歴史があるという。その露天風呂ではキズ湯と胃腸湯が並び、深い緑の絶景と川のせせらぎを聴きながら、2種類の泉質を楽しめる。湯上がりに橋を渡って付近を散歩すれば、鄙びた温泉情緒も味わえる。

妙見温泉 田島本館

鹿児島県霧島市牧園宿窪田4236
営業時間：8時～20時半　定休日：無休
入浴料：250円
宿泊料：素泊3840円、2食付7150円

コラム

なくなりゆく侘寂温泉

当たり前にあった日本の景色が失われようとしている

当たり前にあった昭和的なものは全国からほとんど消え、手間暇かけて作るようなものより、効率優先の偽物が増え、伝統や技術も衰退した。そのことを今回の旅であらためて実感した。

温泉施設も同様だった。取材に訪れた山口県の長門湯本温泉では、長年地元の人や観光客に愛され、瓦屋根とレトロな「湯本温泉」のネオンが味わい深い『共同浴場 恩湯』をパワーショベルで破壊している真っ最中だった。そして、富山県の林道温泉『観光荘』は、炭酸泉と廃墟感のある外観に惹かれるも、訪れたときにはすでに廃業していた。

オーナーの高齢化と後継者不足、施設の老朽化、また、厳しくなった消防法による防火装置の設置義務など、営業を継続するのが難しくなり、廃業せざるをえない場合も増えている。実に寂しい限りだ。

鹿児島県日置市 湯之元温泉

田之湯温泉

清潔感のある浴槽に
透明で熱い湯が滔々と溢れる

鹿児島本線・湯之元駅と国道 3 号を中心に生活感のある町並みが続く。その住宅街の一角に、昭和 37 年に開業した『田之湯温泉』がある。夕方になると地元の常連でごった返す浴室は、優しくレトロな色調のタイル張りで整然とした印象。そこに清潔感のある浴槽が存在感を放ち、透明で熱い湯が滔々と溢れていく。元気が出るいい湯だ。

湯之元温泉 田之湯温泉

鹿児島県日置市東市来町湯田 3077
営業時間：6 時～ 22 時　定休日：第 2 火曜日
入浴料：150 円

鹿児島県日置市 湯之元温泉

元湯・打込湯

ふたつの源泉を
一度に味わえる贅沢
旅の疲れも浄化された

『田之湯温泉』からほんの数百メートルの場所にある『元湯・打込湯』。昭和の雰囲気が濃厚な浴室には、2槽に分かれた美しいブルーの湯船がある。硫黄泉の透明な湯は、それぞれ成分が微妙に異なり、温度や効能も違う。このふたつの源泉を一度に味わえるという贅沢な公衆浴場だ。新鮮な源泉が豊富にかけ流された湯船に浸かると、旅の疲れも浄化された。

湯之元温泉 元湯・打込湯
鹿児島県日置市東市来町湯田 2231
営業時間：6 時～ 21 時半
定休日：4 月 1 日・9 月 1 日
入浴料：130 円

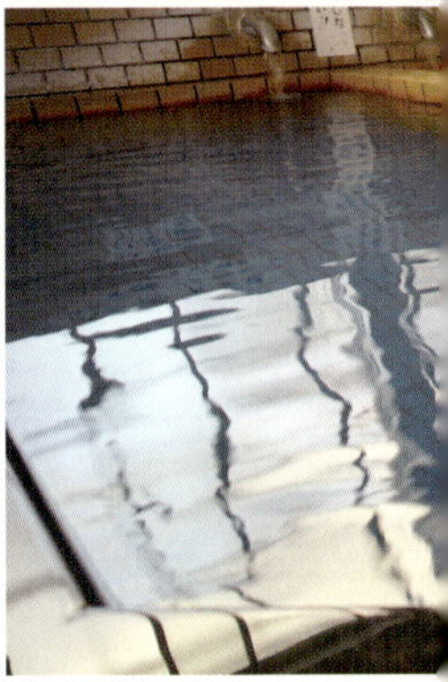

鹿児島県南九州市

八尻鉱泉湯

人里離れた山間で貴重な万能鉱泉の“不思議の湯”に浸る

薩摩半島の南部、鹿児島県南九州市の山間部は少し南国の雰囲気もある。明るい林の中へ続く道を上ると、雨ざらしの鄙びた看板があった。そこから緑のトンネルとなった林道を上った終点に、独特の雰囲気の公衆浴場『八尻鉱泉湯』はある。

トタンのプレハブ小屋という、一見無機質な印象の外観だが、その中は凄い。水色のタイルがとてもいい味を出している一体感のある浴槽と洗い場。現代では真似できない昭和後期のディティールがむき出しだ。建てられたのは昭和58年と、まさに今がちょうど熟れ頃である。〝不思議の湯〟と呼ばれる、硫化水素イオン、鉄イオン、アルミニウムイオンなどを含む複雑な組成の鉱泉は、湧出量が少なく貴重なもので、とても大事に使われている。

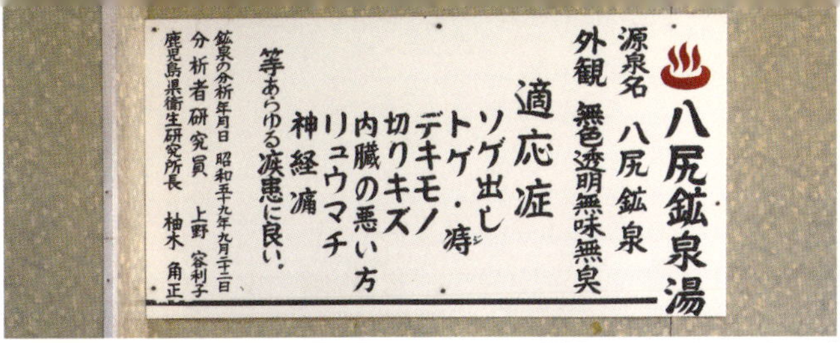

八尻鉱泉湯
源泉名 八尻鉱泉
外観 無色透明無味無臭
適応症
ソゲ出し
トゲ・痔《ジ》
デキモノ
切りキズ
内臓の悪い方
リュウマチ
神経痛
等あらゆる疾患に良い。
鉱泉の分析年月日 昭和五十九年九月二十二日
分析者 研究員 上野 容利子
鹿児島県衛生研究所長 柚木 角正

80 歳を過ぎた店主がここの隠し味かもしれない。〝不思議の湯〟を知り尽くし、様々な病人が治るのを見てきた。浴室内にいろいろ貼られている注意書きにも個性が感じられて味わい深い。日本全国の湯を巡ってきたが、適応症の「ソゲ出し」というのは初めて見た。トゲ、デキモノなどの皮膚疾患、そして内臓、リウマチなどに効く万能の不思議鉱泉である。

時代からの鉱泉
八尻鉱泉湯

八尻鉱泉湯

鹿児島県南九州市
川辺町上山田 8665-17
営業時間：13 時～ 19 時
定休日：月・火曜日　入浴料：400 円

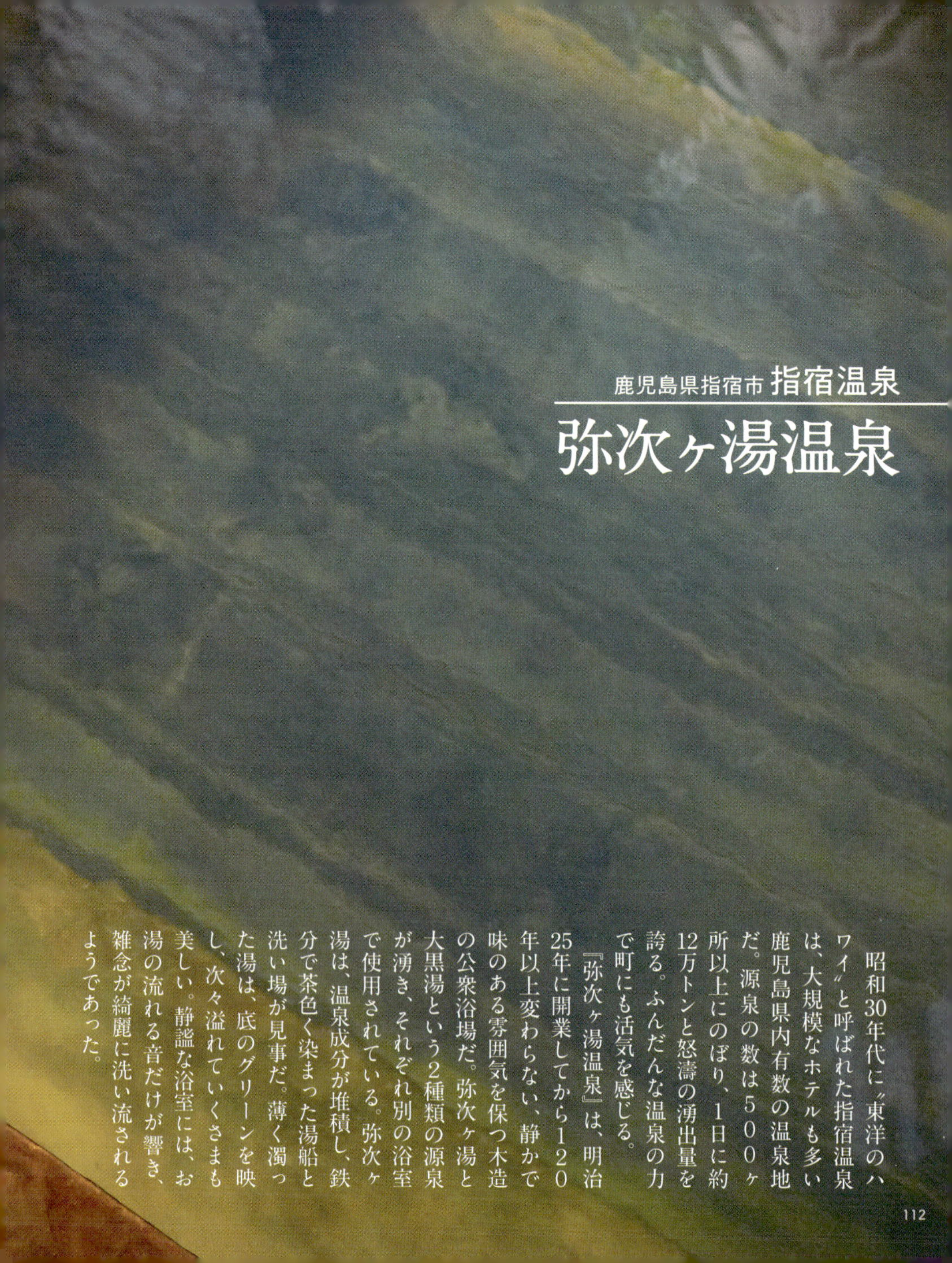

鹿児島県指宿市 **指宿温泉**

弥次ヶ湯温泉

昭和30年代に〝東洋のハワイ〟と呼ばれた指宿温泉は、大規模なホテルも多い鹿児島県内有数の温泉地だ。源泉の数は500ヶ所以上にのぼり、1日に約12万トンと怒濤の湧出量を誇る。ふんだんな温泉の力で町にも活気を感じる。

『弥次ヶ湯温泉』は、明治25年に開業してから120年以上変わらない、静かで味のある雰囲気を保つ木造の公衆浴場だ。弥次ヶ湯と大黒湯という2種類の源泉が湧き、それぞれ別の浴室で使用されている。弥次ヶ湯は、温泉成分が堆積し、鉄分で茶色く染まった湯船と洗い場が見事だ。薄く濁った湯は、底のグリーンを映し、次々溢れていくさまも美しい。静謐な浴室には、お湯の流れる音だけが響き、雑念が綺麗に洗い流されるようであった。

静謐な浴室には
湯の流れる音だけが響き
薄く濁った湯が
底のグリーンを映す

ひろがる
山形屋

ようこそ
温泉岬
お知らせ
定休日
毎週木曜日
弥次ヶ湯温泉
お願い

浴室は男女それぞれ 2 つずつ。男湯では、浴室との仕切りがない脱衣所が 2 つの浴室とつながっており、弥次ヶ湯と大黒湯（右頁）を裸のまま行き来できる。温泉成分によって堆積物も変わるため、2 つの浴室の色合いもだいぶ違う。大黒湯のほうが庶民的で生活感のある渋い雰囲気だ。シャワーなどもなく、源泉と地下水を混ぜて上がり湯にする。

指宿温泉 弥次ヶ湯温泉

鹿児島県指宿市十町 1068
営業時間：7 時～ 21 時
定休日：木曜日　入浴料：300 円
宿泊料：4000 円（素泊）

鹿児島県指宿市 **指宿温泉**

村之湯温泉

『村之湯温泉』は、明治15年に創建した指宿温泉の中で一番古い公衆浴場である。木造の浴室は、脱衣所に仕切りがなく、一段降りたところから洗い場になっていて開放的な空間だ。温泉の色に染まった床と、深みのある浴槽のコントラストが渋い風情を感じさせる。どこを切り撮っても味わい深い、抜かりのないデザインである。足元から源泉が直接湧き出ており、湯は新鮮そのもの。源泉は4ヶ所もあり、湯は余るほど溢れている。浴槽の底は板敷きになっており、肌触りも心地よく、透明な湯に色の深みを与えている。湯上がりの汗がなかなか引かないほど、熱がジンジンと染みいってくる強い湯で、大地と繋がったような感覚になる。薩摩半島を巡るなら外せない重要な温泉だ。

足下から湧き出る力強い湯――
まるで大地と繋がるような感覚

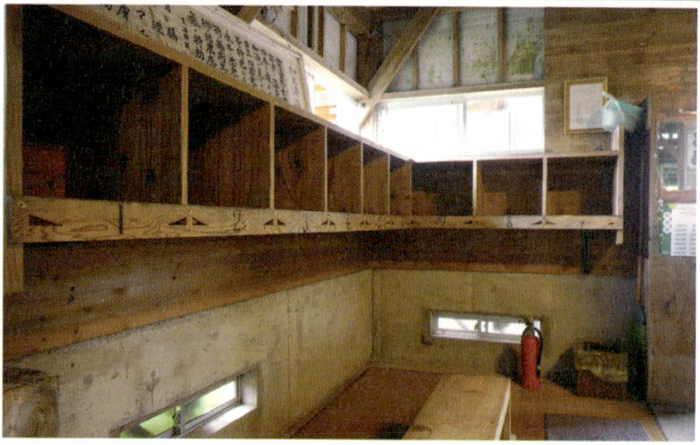

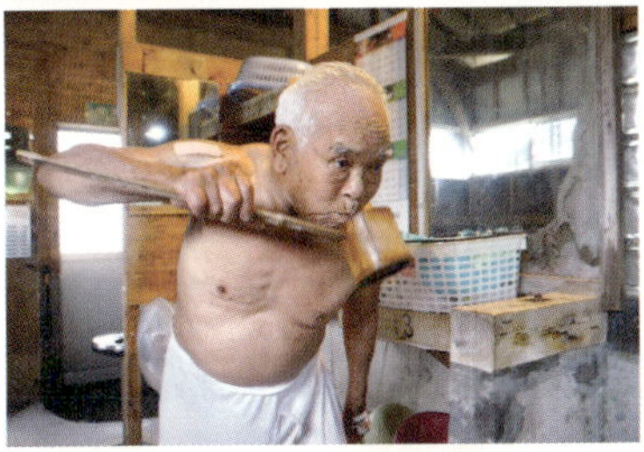

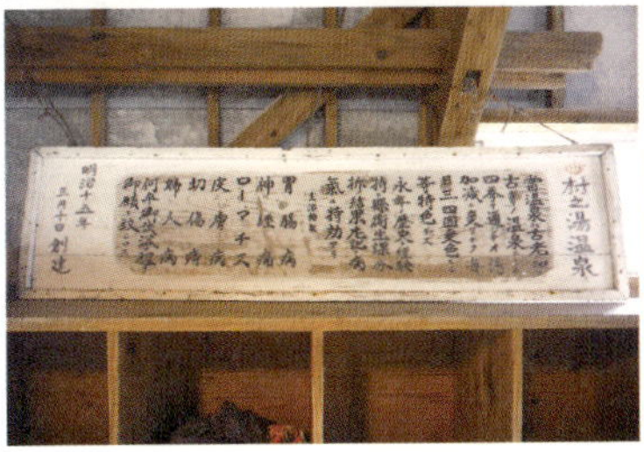

足下湧出の源泉と、ほかの源泉がブレンドされた湯の色は、毎日数回は変化し、黒っぽいときや、うっすらと乳白色になるときもある。手書きの文字も渋い「飲み湯」コーナーもあり、飲むと胃腸などにいい。薄い塩味と鉄分を感じる新鮮な湯は、二日酔いにも効く。通りから見ると住宅街の中の民家のような佇まいだが、可愛らしい手描きの看板が目印だ。

指宿温泉 村之湯温泉

鹿児島県指宿市大牟礼 3-16-2
営業時間：7 時～ 22 時
定休日：毎月 20 日
入浴料：300 円

鹿児島県指宿市 指宿温泉

元屋

指宿温泉の町中にある湯治宿『元屋』。緑の庭が落ち着いた雰囲気の、湯治専門のこぢんまりとした宿である。手造り感のある素朴な内湯には、薄い緑白色の鉄分を含む食塩泉がかけ流されている。昭和を感じる部屋には、台所も完備されており、自炊しながらの湯治や温泉巡りのベースにも最適だ。気兼ねなく、気楽に過ごせる穴場である。

指宿温泉 元屋

鹿児島県指宿市湯の浜 5-19-4
営業時間：24 時間（宿泊時入浴可能時間）
宿泊料：2800 円～ ※日帰り入浴不可

鹿児島県指宿市

開聞温泉

強烈な鄙びた感の
ローカル温泉
コンクリの湯船に
土類系の湯が溢れる

禁煙

入口
入口

出口

名峰開聞岳の雄大な姿を目の前に見る、薩摩半島最南の海岸に湧くローカル湯『開聞温泉』。昭和 50 年代風の建物は、南国の木々に埋もれそうだ。その浴室内は、温泉色に染まったコンクリートの湯船に、土類系の源泉 100%かけ流し。雑然とした生活感のある脱衣所もいい味だ。最果て感のある南国の旅情をたっぷり味わえる公衆浴場である。

開聞温泉

鹿児島県指宿市山川岡児ケ水 1446
営業時間：9 時半～ 18 時
定休日：無休
入浴料：300 円

沖縄県沖縄市

中乃湯

沖縄で唯一の“ゆーふるやー”可愛い円形の浴槽に湯が満ちる

沖縄にはもともと温泉はほとんどなく、以前は那覇市や沖縄市に銭湯が存在していた。私も十数年前、那覇市の銭湯を数軒巡ってみたが、当時でもかなりレトロな古びた銭湯ばかりだった。すでに絶滅の危機感はあったが、燃料の値上がりなどにより、数年前に沖縄市の『中乃湯』以外は全て廃業してしまったという。沖縄の庶民文化を伝える貴重な遺産だっただけに大変惜しまれる。

現在、沖縄で唯一の「ゆーふるやー」（沖縄方言で銭湯）となってしまった『中乃湯』。創業1960年と、その60年近くになる浴室は、南国沖縄の銭湯の特徴がよく出た、味わい深いものだ。脱衣所と洗い場の仕切りがないのが沖縄スタイルで、洗い場の中央に可愛い円形の浴槽があり、やわらかい湯が美しく満ちている。

優しい空色で統一された浴室は、本物のレトロそのもの。今も現役なのが素晴らしい。お湯は、地下 300 メートルから汲み上げたアルカリ性冷鉱泉をボイラーで温めている。この湯を守るのは、85 歳を過ぎてなお元気いっぱいのシゲおばぁ。地元民の憩いの場でもあり、やめるわけにはいかないと頼もしい。くれぐれも湯船には身体を洗ってから入ること。

中乃湯

沖縄県沖縄市安慶田 1-5-2
営業時間：14 時～ 20 時（最終受付 19 時）
定休日：木・日曜日　入浴料：370 円

魚谷祐介《うおたに・ゆうすけ》

写真家。文筆家。音楽家。多岐に渡り活動するマルチクリエイター。「風情」と「味わい」を求めて日本全国を巡り、取材、記録している“旅人”でもある。著書に『日本懐かし自販機大全』『昭和懐かし自販機巡礼』『侘寂温泉 東日本編』(辰巳出版)がある。
http://jihanki.michikusa.jp (公式サイト)
https://www.youtube.com/user/onsenjazz (youtube チャンネル)

取材・撮影・執筆　魚谷祐介
構成・編集　近江康生　近江聖香 (Plan Link)
デザイン　近江聖香 (Plan Link)
制作協力　曽利美衣
企画・進行　廣瀬祐志　小泉宏美

本書でご紹介した施設に関する情報は、全て取材時のものです。料金には、別途消費税、入湯税がかかる場合もあります。また、営業時間、入浴料、宿泊料等に変更が生じる可能性がある事をご了承下さい。

侘《わび》寂《さび》温《おん》泉《せん》 西日本編

2018年12月10日　初版第1刷発行

著　者　魚谷祐介
編集人　廣瀬祐志
発行人　廣瀬和二
発行所　辰巳出版株式会社
〒160-0022 東京都新宿区新宿2丁目15番14号 辰巳ビル
TEL 03-5360-8961（編集部）
03-5360-8064（販売部）
URL http://www.TG-NET.co.jp/

印刷・製本所　凸版印刷株式会社

本書の内容に関するお問い合わせは、
FAX(03-5360-8073)、メール(info@TG-NET.co.jp)にて承ります。
恐れ入りますが、お電話でのご連絡はご遠慮下さい。

定価はカバーに表示してあります。

万一にも落丁、乱丁のある場合は、送料小社負担にてお取り替え致します。
小社販売部までご連絡下さい。

ISBN 978-4-7778-2232-4